Michillo
POETA DA NATUREZA

Escrito e ilustrado por:
Cláudia Ramos

Paulinas

Dados Internacionais de Catalogação na Publicação (CIP)
(Câmara Brasileira do Livro, SP, Brasil)

Ramos, Cláudia
  Michillo poeta da natureza / escrito e ilustrado por Cláudia Ramos. – São Paulo : Paulinas, 2011. – (Coleção fazendo história. Série suspiro)

  978-85-356-2928-6

  1. Literatura infantojuvenil I. Título. II. Série.

  11-11005   CDD-028.5

Índices para catálogo sistemático:
  1. Literatura infantil   028.5
  2. Literatura infantojuvenil   028.5

1ª edição – 2011
2ª reimpressão – 2024

Direção-geral: *Bernadete Boff*

Editora responsável: *Maria Alexandre de Oliveira*

Assistente de edição: *Rosane Aparecida da Silva*

Coordenação de revisão: *Marina Mendonça*

Revisão: *Sandra Sinzato*

Gerente de produção: *Felício Calegaro Neto*

Produção de arte: *Telma Custódio*

Nenhuma parte desta obra pode ser reproduzida ou transmitida por qualquer forma e/ou quaisquer meios (eletrônico ou mecânico, incluindo fotocópia e gravação) ou arquivada em qualquer sistema ou banco de dados sem permissão escrita da Editora. Direitos reservados.

Cadastre-se e receba nossas informações
www.paulinas.com.br
Telemarketing e SAC: 0800-7010081

Paulinas
Rua Dona Inácia Uchoa, 62
04110-020 – São Paulo – SP (Brasil)
(11) 2125-3500
editora@paulinas.com.br
© Pia Sociedade Filhas de São Paulo – São Paulo, 2011

Com todo meu carinho para minha filha Luiza.

Michillo é um gato poeta,
não desgruda da sua máquina de escrever!
Pode ser um tanto antiga,
quase peça de museu,
mas é ali que ele gosta de escrever.
Vamos ver o que hoje ele tem
pra nos dizer...

ESTAVA ANDANDO TÃO TRANQUILO
QUANDO VOCÊ APARECEU...
ME CHAMOU A ATENÇÃO,
ERA DIFÍCIL DESCREVER.

NUNCA TINHA REPARADO,
PARADO MESMO PRA TE VER...

SUA COR A CADA DIA É DE UM TOM.

NADA MAIS NATURAL PRA QUEM VIAJA TODO DIA DE UM PONTO A OUTRO.

JÁ ESTIVEMOS JUNTOS
EM MUITOS LUGARES.
LÁ NA PRAIA, VOCÊ LEMBRA?
ATÉ COMPREI ÓCULOS NOVOS
SÓ PRA PODER TE VER...

E SENTADO LÁ NA PRAÇA?
DIVIDIMOS UM SORVETE,
LEMOS JUNTOS MIL REVISTAS!

TODO DIA NOSSA AMIZADE SE RENOVA,
JÁ REPAROU?
MESMO QUANDO VOCÊ VAI EMBORA,
SEI QUE A VOLTA NÃO DEMORA...

TODO DIA VOCÊ CHEGA BEM CEDINHO E ME ACORDA.

A CERTEZA DE TE VER
É O QUE MAIS ME CONSOLA.
COMO É BOM PARAR ÀS VEZES
E DIZER A NOSSA VOLTA
QUE É BOM ESTAR AQUI
E TER VOCÊ
ALGUMAS HORAS...

Vento

NÃO ENTENDO,
  NÃO VEJO,
    MAS SINTO.

ÀS VEZES, À TARDE,
VEM MANSO,
FRESCO.

É O SOSSEGO.

À NOITE, SOPRA PROFUNDO
BEM LÁ NO FUNDO,

FAZENDO VOLTAS, CÓCEGAS...
ME EMBALANDO EM LONGAS VIAGENS,

PARANDO AQUI

E ACOLÁ.

AÍ, POR UM INSTANTE,
ME PEGO PENSANDO:
"PRA ONDE TU QUERES ME LEVAR?".

E NOVAMENTE SINTO.
 SINTO QUE SÓ QUERES ME ALEGRAR!

Chuva

VOCÊ JÁ REPAROU
COMO A CHUVA É DIFERENTE?

SÃO GOTAS TRAVESSAS
QUE SE DESPRENDEM DAS NUVENS
EM VÁRIAS DIREÇÕES...

DIFEREM NA INTENSIDADE:

NO INVERNO PODEM SER FININHAS, FRAQUINHAS, BORRIFANDO AQUI E ACOLÁ,

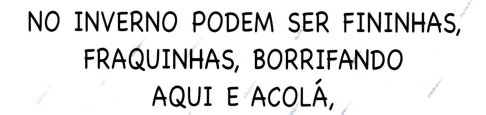

CHUVA É SEMPRE GOSTOSO.

PODE-SE APRECIÁ-LA DA JANELA...

ÀS VEZES CORRER DELA...

SENTIR SEU PERFUME...

É... A CHUVA TEM SEU PERFUME, VÁRIOS...

PORQUE, NA VERDADE,
ELA AGUÇA O NOSSO OLFATO,
LIMPA O AR, NOS PERMITE CHEIRAR...

QUANTAS COISAS A CHUVA NOS TRAZ...
NÃO É PRA PENSAR?

Terra

JÁ FALEI DO SOL,
DO FRESCOR DA CHUVA,

DO ACALENTO QUE O VENTO TRAZ,
E SEM QUERER
JÁ FALAVA DE VOCÊ.

JÁ ESTAVA ALI, ME SUSTENTANDO, INSPIRANDO, INSTIGANDO O MEU JEITO DE OLHAR.

E FOI TANTO O QUE VI!

VI A SUA GENEROSIDADE
FAZENDO BROTAR O TRIGO,
A ÁRVORE, AS FLORES... TANTAS,
UM ENCANTO DE CORES.

VI VOCÊ SE AGLOMERANDO,

TE VI ISOLADA.

SÓ NÃO GOSTO
É DE TE VER MALTRATADA!

VOCÊ É TÃO LINDA,
TÃO CHEIA DE VIDA...
ALIÁS, SEM VOCÊ NÃO HÁ VIDA.

E O POETA SEM VOCÊ
QUE GRAÇA ACHARIA ESCREVER
SEM A MUSA SENHORA DA VIDA.